Vente du Lundi 24 Février 1873

SALLE N° 5.

OBJETS DE CURIOSITÉ

DE LA CHINE & DU JAPON

ÉMAUX CLOISONNÉS

BRONZES — PORCELAINES

POTERIES — MEUBLES

ÉTOFFES

Exposition publique:

Le Dimanche 23 Février 1873

COMMISSAIRE-PRISEUR   EXPERT

Me CHARLES PILLET   M. CHARLES MANNHEIM

10, rue de la Grange-Batelière   7, rue Saint-Georges

CATALOGUE

D'UNE JOLIE RÉUNION

D'OBJETS DE CURIOSITÉ

De la Chine et du Japon

ÉMAUX CLOISONNÉS ; BRONZES NIELLÉS ET AUTRES ;

PORCELAINES ; POTERIES ; MEUBLES ; LAQUES ; OBJETS VARIÉS ;

ÉTOFFES.

DONT LA VENTE AURA LIEU

HOTEL DROUOT, SALLE N° 5

Le Lundi 24 Février 1873

A DEUX HEURES PRÉCISES

Par le ministère de Mᵉ **CHARLES PILLET**, Commissaire-Priseur,
10, rue de la Grange-Batelière.

Assisté de M. **Charles MANNHEIM**, expert, 7, rue Saint-Georges,
Chez lesquels se trouve le présent Catalogue.

EXPOSITION PUBLIQUE : *Le Dimanche 23 Février 1873*
DE UNE HEURE A CINQ HEURES.

CONDITIONS DE LA VENTE

Elle sera faite expressément au comptant.

Les acquéreurs payeront *cinq pour cent* en sus des prix d'adjudication.

Les lots pourront être réunis ou divisés au gré de l'expert.

Paris. — Typ. PILLET fils aîné, 5, rue des Grands-Augustins.

DÉSIGNATION DES OBJETS

EMAUX CLOISONNÉS
DE LA CHINE

1 — Deux très-grands vases forme bouteille, en émail
cloisonné de la Chine, décorés de larges fleurs et d'oiseaux en couleurs sur fond rouge.

2 — Deux grandes et belles vasques rondes à fleurs aquatiques émaillées en couleur sur fond bleu turquoise.

3 — Grand et beau plat rond en émail cloisonné de la
Chine décoré de fleurs et de papillons émaillés en couleurs sur fond rouge.

4 — Brûle-parfums à panse sphérique, anses en S et à
couvercle en émail cloisonné de la Chine à fleurs sur
fond bleu turquoise.

5 — Deux vases forme balustre ou bouteille en émail cloisonné de la Chine, décorés de fleurs et ornements sur
fond bleu turquoise.

6 — Deux vases de même forme, décorés de fleurs arabesques.

7 — Deux vases forme balustre en émail cloisonné de la Chine décorés de fleurs sur fond bleu turquoise.

8 — Deux vases forme cylindrique en émail cloisonné de la Chine, décorés de fleurs aquatiques sur fond bleu.

9 — Deux plats ronds en émail cloisonné de la Chine, à fleurs et poissons sur fond blanc et bleu.

10 — Deux boîtes de forme lenticulaire en émail cloisonné de la Chine, décorées de fleurs et d'animaux sur fond blanc.

11 — Deux boîtes analogues à celles qui précèdent, à fond rouge.

12 — Deux petits bols décorés de fleurs sur fond rouge.

ÉMAUX CLOISONNÉS DU JAPON

13 — Deux jolis vases en émail cloisonné du Japon, forme rouleau, décorés d'oiseaux et de fleurs sur fond bleu. — Haut., 45 cent.

14 — Deux vases à couvercle forme potiche, décorés de fleurs sur fond vert et de médaillons sur fond gris. — — Haut., 50 cent.

15 — Deux grands vases forme balustre, décorés de dragons, de figures et de fleurs sur fonds variés de nuances. — Haut. 70 cent.

16 — Deux grandes coupes à six pans décorées d'oiseaux et de fleurs en couleurs sur fond varié de nuances. — Diam., 30 cent.

17 — Deux grands vases, forme balustre à deux anses, large plateau rond et socle, décorés de fleurs et d'oiseaux sur fond vert.

18-21 — Huit plats ronds en émail cloisonné du Japon, variés de décors et de dimensions. Ils seront vendus par deux.

22 — Deux bols décorés de dragons chimériques sur fond bleu.

23 — Deux petits plats ovales décorés d'oiseaux et de fleurs sur fond noir.

POTERIES DE SATZUMA

24 — Deux jolis vases forme cylindrique en poterie de Satzuma, décorés de hérons et de fleurs émaillés.

25 — Deux petits vases à couvercles en poterie de Satzuma, décorés de figures et de fleurs émaillées en couleurs et or.

26 — Deux petits vases forme balustre, de même poterie, décorés de figures de femmes et d'enfants.

27 — Deux vases forme bouteille, décorés de tortues et de hérons en grisaille et or.

28 — Deux coupes à couvercles et plateaux en poterie de Satzuma, décorés de fleurs.

29 — Deux théières avec plateaux de même décor.

30 — Deux théières analogues, plus petites.

31 — Vase décoré de figures et de fleurs.

32 — Autre vase décoré de figures et à anses têtes d'éléphants.

33 — Deux poissons debout en grès émaillé bleu.

34 — Coupe ronde en porcelaine de Kanga.

35 — Deux vases tubes en terre émaillée et craquelée à médaillons paysages.

36 — Deux petites jardinières rondes en poterie de Satzuma.

PORCELAINES

37 — Deux vases forme balustre en porcelaine moderne de la Chine, fond rose gravé et figures émaillées. — Haut., 72 cent.

38 — Deux vases de forme analogue, fond bleu empois à fleurs gaufrées en relief et réservées en blanc.

39 — Grande plaque carrée en porcelaine de Chine, décorée d'arabesques.

40 — Deux vases en porcelaine craquelée de la Chine à dessins émaillés bleu.

41 — Plaque carrée en porcelaine de Chine décorée d'un paysage à figures et éléphant.

42 — Deux vases en porcelaine de Chine, fond rouge haricot.

43 — Deux vases analogues, plus foncés.

44 — Deux vases en porcelaine craquelée, forme balustre, à têtes chimériques en relief émaillées brun.

45 — Deux plaques doubles en ancienne porcelaine de Chine, famille verte.

46 — Deux pots forme boule en porcelaine craquelée, avec anneaux en relief.

47 — Deux petites jardinières en porcelaine craquelée de forme ronde.

48 — Deux jardinières analogues.

49 — Deux petits bols en porcelaine craquelée de la Chine.

50 — Deux bols analogues, plus grands.

51 — Coupe en ancienne porcelaine craquelée de la Chine.

52-57 — Six grands plats ronds en porcelaine du Japon. Ils seront vendus séparément.

58 — Petit vase forme potiche à couvercle en ancienne porcelaine de Chine, décoré de figures et de fleurs.

59 — Deux paires de petits vases en porcelaine craquelée gris de la Chine.

60 — Deux paires de petites jardinières en porcelaine du Japon, à grilles à jour.

61 — Plateau en porcelaine de Chine, fond bleu et décor d'or.

62 — Deux grands vases forme rouleau en porcelaine
d'Owary, à fleurs gaufrées en relief, réservées en blanc
sur fond bleu.

63 — Deux terrines à bain-marie en porcelaine de Chine,
fond vert d'eau.

64 — Deux pièces analogues décorées de figures émaillées
en couleurs.

65 — Boîte carrée à quatre compartiments en porcelaine
du Japon à décor en camaïeu bleu.

66 — Grande vasque en terre émaillée jaspée.

BRONZES

67 — Deux vases forme droite reposant sur trois pieds à
ornements découpés à jour. Ils sont enrichis d'incrustations de cuivre et d'argent et décorés d'oiseaux et
de fleurs. Bronzes japonais.

68 — Deux petits vases forme droite en bronze du Japon,
niellés d'argent à fleurs et ornements.

69 — Deux vases forme cornet à panse renflée et à anses
à dragons, en bronze du Japon niellé d'argent.

70 — Deux vases à panse droite et à pans niellés d'argent,
à anses à dragons.

71 — Grande fontaine ovoïde à anses têtes d'éléphants et couvercle surmonté d'un lion fabuleux.

72 — Fontaine analogue à panse sphérique et anses têtes de lion.

73 — Deux brûle-parfums formés chacun d'une chimère assise.

74 — Grand brûle-parfums à pieds chimériques, anses en S et couvercle surmonté d'un lion fabuleux.

75 — Vase en bronze à col très-évasé et à anses formées de paons.

76 — Brûle-parfums de forme oblongue à anse mobile, orné de chimères en relief.

77 — Brûle-parfums de même style, mais plus petit.

78 — Grande jardinière oblongue en bronze, décorée d'ornements en relief.

79 — Deux grands vases forme droite entourés de dragons en haut-relief et reposant sur trois petites chimères debout. Bronzes chinois argentés en partie.

80 — Deux vases forme balustre en bronze, à fleurs et oiseaux en relief.

81 — Deux vases de forme analogue, à dragons en haut-
relief autour du col et de la panse.

82 — Petite lanterne ronde repercée à jour et surmontée
d'un pavillon.

83 — Deux vases forme balustre à palmettes et ornements
en relief.

84 — Brûle-parfums en forme de carpe chimérique debout.

85 — Brûle-parfums en bronze formé d'un cerf debout.

86 — Groupe de deux figures en bronze sur socle en bois
sculpté avec arbre.

87 — Vase forme carrée et évasée en bronze.

88 — Grande théière en bronze à couvercle surmonté d'une
chimère.

89 — Vase en bronze forme balustre à ornements en
relief sur le col.

90 — Vase forme bouteille à col droit à ornements en
relief et à deux anses droites.

91 — Deux vases forme balustre, le col est décoré d'ornements en relief.

92 — Deux petits vases tubes à dragons et reposant sur
trois pieds bas.

93 — Deux vases analogues, un peu plus grands, sur pieds tortues.

94 — Grand gong de forme ronde.

95 — Gong analogue, mais plus petit.

96 — Deux paires de cimbales. Elles seront vendues séparément.

MEUBLES & DIVERS

97 — Jolie étagère en laque noir du Japon enrichie de riches incrustations de nacre et burgau à figures, paysages et ornements.

98 — Grand meuble étagère en bois de fer, sculpté à fleurs et ornements, et fermant à deux portes dans sa partie inférieure.

99 — Grande table ronde en bois de fer sculpté et incrusté de cuivre et de nacre, et garnie de plaques de marbre.

100 — Trois panneaux en bois de fer incrusté de nacre. Travail du Tonkin.

101 — Deux petites tables-supports à quatre pieds en bois de fer sculpté.

102 — Guéridon rond en bois de fer sculpté, à quatre pieds et dessus de marbre.

103 — Deux coffres carrés en laque noir, garnis de cuivre.

104 — Deux boîtes en laque noir et décor d'or, de forme sphérique aplatie.

105 — Boîte à quatre compartiments en laque du Japon et décor d'or.

106 — Boîte carrée à tiroirs, en laque noir et or.

107 — Deux cachepots en laque noir.

108 — Grande boîte carrée à cinq compartiments, et riche décor d'or.

109 — Boîte carrée en ancien laque du Japon et décor d'or.

110 — Grande boîte longue en laque noir et or.

111-112 — Quatre tabourets carrés ou supports en bois de fer sculpté et à dessus de marbre. Ils seront vendus par deux.

113-114 — Deux belles tables carrées de même travail. Elles seront vendues séparément.

115 — Petit guéridon rond de même style.

116 — Socle-support en laque noir burgauté.

117 — Deux petits socles supports en bois laqué.

118 — Boîte ronde à trois compartiments en laque rouge gravé à fleurs et dorées.

119 — Deux statues en bois sculpté; bonzes japonais debout.

120 — Support de forme carrée à quatre pieds cintrés, en laque du Japon, gravé en creux.

121 — Deux très-petits écrans en laque noir incrusté, décorés d'oiseaux et de fleurs.

122 — Autre petit écran en pierre schisteuse sculptée à paysage.

123 — Deux pitongs en bambou sculpté, à figures et paysages.

124 — Deux petites boîtes ovales en bois de fer, ornées de figures de jade gravé.

125 — Deux boîtes rondes à compartiments en bois sculpté et garnies en étain.

126-127 — Deux paravents décorés de paysages en couleurs.

128 — Support de forme oblongue, à quatre pieds, en laque rouge ciselé, à figures et fleurs.

129 — Socle carré reposant sur quatre pieds cintrés, en laque noir burgauté.

130 — Petit cabinet en laque burgauté.

131 — Petite étagère en bois laqué et ornements découpés.

132 — Deux petits panneaux en laque burgauté.

133 — Boîte à violon en laque noir incrusté de nacre, décorée de fleurs et d'oiseaux. Elle est garnie de velours.

134 — Petite glace à biseaux avec cadre en bois sculpté repercé à jour.

135 — Petite glace analogue, avec cadre en bois noir sculpté et repercé à jour.

136 — Deux panneaux en laque noir à décors de paysages et appliqués sur laque rouge.

137 — Deux panneaux analogues, mais plus grands.

138 — Deux cadres en bois sculpté avec peintures sur soie et figures.

139 — Deux tableaux en laque noir burgauté à paysages.

140 — Deux tableaux analogues.

141 — Deux figures : Japonais et Japonaise vêtus de costumes de soie.

142 — Théière en pierre de lard sculptée à fleurs et oiseau.

143 — Deux grandes nattes épaisses pour artistes.

ÉTOFFES

144-149 — Six feuilles d'écrans ou coussins brodés en soie, décorées de fleurs, d'oiseaux, etc., et autres en tissus genre Gobelins. Elles seront vendues séparément.

150-155 — Six robes japonaises en crêpe brodé. Elles seront vendues séparément.

156 — Robe de Daïmio en étoffe de soie bleu clair avec crépine.

157 — Tenture de lit à fond vert et rouge, brochée d'arabesques argentées.

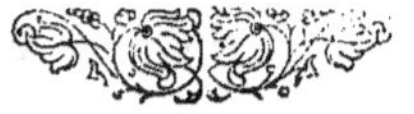

www.ingramcontent.com/pod-product-compliance
Lightning Source LLC
LaVergne TN
LVHW021921180726
843502LV00008B/3190